AF404208

L'ALSACE

EST-ELLE

ALLEMANDE OU FRANÇAISE?

RÉPONSE A M. MOMMSEN

Professeur à Berlin

Par M. FUSTEL de COULANGES

ancien professeur à Strasbourg

PARIS

E. DENTU, LIBRAIRE-ÉDITEUR

PALAIS-ROYAL, 17 ET 19 (GALERIE D'ORLÉANS)

1870

L'ALSACE

EST-ELLE

ALLEMANDE OU FRANÇAISE?

RÉPONSE A M. MOMMSEN

Professeur à Berlin

Par M. FUSTEL de COULANGES

ancien professeur à Strasbourg

PARIS

E. DENTU, LIBRAIRE-ÉDITEUR

PALAIS-ROYAL, 17 ET 19 (GALERIE D'ORLÉANS)

—

1870

L'ALSACE

EST-ELLE

ALLEMANDE OU FRANÇAISE?

MONSIEUR,

Vous avez adressé dernièrement trois lettres au peuple italien. Ces lettres qui ont paru d'abord dans les journaux de Milan et qui ont été ensuite réunies en brochure, sont un véritable manifeste contre notre nation. Vous avez quitté vos études historiques pour attaquer la France; je quitte les miennes pour vous répondre.

Dans vos deux premières lettres, qui ont été écrites à la fin du mois de juillet, vous vous êtes surtout efforcé de montrer que la Prusse, malencontreusement attaquée, ne faisait que se défendre. Vous aviez peut-être raison à cette époque; car l'agresseur, alors, était visiblement la France. Mais ne vous avanciez-vous pas beaucoup quand vous ajoutiez que la Prusse ne ferait jamais que des guerres défensives? Vous n'écririez plus cela aujourd'hui; car les rôles ont été si bien intervertis dans l'entrevue de Ferrières, que c'est manifestement la Prusse qui est aujourd'hui l'agresseur. Du reste, Monsieur, je ne puis qu'applaudir aux sentiments que vous manifestiez alors en faveur de la paix et du bon droit.

Votre troisième lettre, écrite à la fin du mois d'août, c'est-à-dire au milieu des victoires prussiennes, diffère sensiblement des deux premières. Vous ne vous occupez plus de la défense de votre patrie, mais de son agrandissement. Il ne s'agit plus pour vous de salut, mais de conquête. Sans le moindre détour, vous écrivez que la Prusse doit s'emparer de l'Asace et la garder.

Ainsi, dès le mois d'août, vous indiquiez avec une perspicacité parfaite le vrai point qui était en litige entre la France et la Prusse. M. de Bismarck ne s'était pas encore prononcé. Il n'avait pas encore dit tout haut qu'il nous faisait la guerre pour avoir l'Alsace et une partie de la Lorraine. Mais déjà, Monsieur, vous étiez bon prophète et vous annonciez les prétentions et le but de la Prusse. Vous déterminiez nettement quel serait l'objet de cette nouvelle guerre qu'elle allait entreprendre à son tour contre notre nation. Nul ne peut plus l'ignorer aujourd'hui : ce qui met aux prises toute la population militaire de l'Allemagne et toute la population virile de la France, c'est cette question franchement posée : l'Alsace sera-t-elle à la France ou à l'Allemagne?

La Prusse compte bien résoudre cette question par la force; mais la force ne lui suffit pas : elle voudrait bien y joindre le droit. Aussi, pendant que ses armées envahissaient l'Alsace et bombardaient Strasbourg, vous vous efforciez de prouver qu'elle était dans son droit et que l'Alsace et Strasbourg lui appartenaient légitimement. L'Alsace, à vous en croire, est un pays allemand; donc elle doit appartenir à l'Allemagne. Elle en faisait partie autrefois; vous concluez de là qu'elle doit lui être rendue. Elle parle allemand, et vous en tirez cette conséquence que la Prusse peut s'emparer d'elle. En vertu de ces raisons vous la « revendiquez »; vous voulez qu'elle vous soit « restituée ». Elle est vôtre, dites-vous, et vous ajoutez : « Nous voulons prendre tout ce qui est nôtre, rien de plus, rien de moins. » Vous appelez cela le principe de nationalité.

C'est sur ce point que je tiens à vous répondre. Car il faut que l'on sache bien s'il est vrai que, dans cet horrible duel, le droit se trouve du même côté que la force. Il faut aussi que l'on sache s'il est vrai que l'Alsace ait eu tort en se défendant et que la Prusse ait eu raison en bombardant Strasbourg.

Vous invoquez le principe de nationalité, mais vous le comprenez autrement que toute l'Europe. Suivant vous, ce principe autoriserait un État puissant à s'emparer d'une province par la force, à la seule condition d'affirmer que cette province est occupée par la même race que cet État. Suivant l'Europe et le bon sens, il autorise simplement une province ou une population à ne pas obéir malgré elle à un maître étranger. Je m'explique par un exemple : le principe de nationalité ne permettait pas au Piémont de conquérir par la force Milan et Venise ; mais il permettait à Milan et à Venise de s'affranchir de l'Autriche et de se joindre volontairement au Piémont. Vous voyez la différence. Ce principe peut bien donner à l'Alsace un droit : mais il ne vous en donne aucun sur elle.

Songez où nous arriverions si le principe de nationalité était entendu comme l'entend la Prusse, et si elle réussissait à en faire la règle de la politique européenne. Elle aurait désormais le droit de s'emparer de la Hollande. Elle dépouillerait ensuite l'Autriche sur cette seule affirmation que l'Autriche serait une étrangère à l'égard de ses provinces allemandes. Puis elle réclamerait à la Suisse tous les cantons qui parlent allemand. Enfin s'adressant à la Russie, elle revendiquerait la province de Livonie et la ville de Riga, qui sont habitées par la race allemande; c'est vous qui le dites page 16 de votre brochure. Nous n'en finirions pas. L'Europe serait périodiquement embrasée par les « revendications » de la Prusse. Mais il ne peut en être ainsi. Ce principe, qu'elle a allégué pour le Sleswig, qu'elle allègue pour l'Alsace, qu'elle alléguera pour la Hollande, pour l'Autriche, pour la Suisse allemande, pour la Livonie, elle le prend à contre-sens. Il n'est pas ce qu'elle croit. Il constitue un droit pour les faibles; il n'est pas un pré-texte pour les ambitieux. Le principe de nationalité n'est pas, sous un nom nouveau, le vieux droit du plus fort.

Comprenons-le tel qu'il est compris par le bon sens de l'Europe. Que dit-il relativement à l'Alsace? Une seule chose : c'est que l'Alsace ne doit pas être contrainte d'obéir à l'étranger. Voulez-vous maintenant que nous cherchions quel est l'étranger pour l'Alsace? Est-ce la France, ou est-ce l'Allemagne? Quelle est la nationalité des Alsaciens, quelle est leur vraie patrie? Vous affirmez, Monsieur, que l'Alsace est de nationalité allemande. En êtes-vous bien sûr? Ne serait-ce pas là une de ces assertions qui reposent sur des mots et sur des apparences plutôt que sur la réalité? Je vous prie d'examiner cette question posément, loyalement : à quoi distinguez-vous la nationalité? à quoi reconnaissez-vous la patrie?

Vous croyez avoir prouvé que l'Alsace est de nationalité allemande, parce que sa population est de race germanique et parce que son langage est l'allemand. Mais je m'étonne qu'un historien comme vous affecte d'ignorer que ce n'est ni la race ni la langue qui fait la nationalité.

Ce n'est pas la race : jetez en effet les

yeux sur l'Europe et vous verrez bien que les peuples ne se sont presque jamais constitués d'après leur origine primitive. Les convenances géographiques, les intérêts politiques ou commerciaux sont ce qui a groupé les populations et fondé les Etats. Chaque nation s'est ainsi peu à peu formée, chaque patrie s'est dessinée sans qu'on se soit préoccupé de ces raisons ethnographiques que vous voudriez mettre à la mode. Si les nations correspondaient aux races, la Belgique serait à la France, le Portugal à l'Espagne, la Hollande à la Prusse; en revanche, l'Ecosse se détacherait de l'Angleterre à laquelle elle est si étroitement liée depuis un siècle et demi, la Russie et l'Autriche se diviseraient chacune en trois ou quatre tronçons, la Suisse se partagerait en deux, et assurément Posen se séparerait de Berlin. Votre théorie des races est contraire à tout l'état actuel de l'Europe. Si elle venait à prévaloir, le monde entier serait à refaire.

La langue n'est pas non plus le signe caractéristique de la nationalité. On parle cinq langues en France, et pourtant personne ne s'avise de douter de notre unité nationale.

On parle trois langues en Suisse ; la Suisse
en est-elle moins une seule nation, et direz-
vous qu'elle manque de patriotisme? D'autre
part, on parle anglais aux Etats-Unis ; voyez-
vous que les Etats-Unis songent à rétablir
le lien national qui les unissait autrefois à
l'Angleterre? Vous vous targuez de ce qu'on
parle allemand à Strasbourg ; en est-il
moins vrai que c'est à Strasbourg que l'on
a chanté pour la première fois notre *Mar-
seillaise ?*

Ce qui distingue les nations, ce n'est ni
la race, ni la langue. Les hommes sentent
dans leur cœur qu'ils sont un même peuple
lorsqu'ils ont une communauté d'idées, d'intérêts, d'affections, de souvenirs et d'espé-
rances. Voilà ce qui fait la patrie. Voilà
pourquoi les hommes veulent marcher ensemble, ensemble travailler, ensemble combattre, vivre et mourir les uns pour les
autres. La patrie, c'est ce qu'on aime. Il se
peut que l'Alsace soit allemande par la race
et par le langage : mais par la nationalité
et le sentiment de la patrie, elle est française. Et savez-vous ce qui l'a rendue fran-
çaiee? Ce n'est pas Louis XIV, c'est notre
Révolution de 1789. Depuis ce moment, l'Al-

sace a suivi toutes nos destinées; elle a vécu
de notre vie. Tout ce que nous pensions,
elle le pensait ; tout ce que nous sentions,
elle le sentait. Elle a partagé nos victoires
et nos revers, notre gloire et nos fautes,
toutes nos joies et toutes nos douleurs. Elle
n'a rien eu de commun avec vous. La patrie,
pour elle, c'est la France. L'étranger, pour
elle, c'est l'Allemagne.

Tous les raisonnements du monde n'y
changeront rien. Vous avez beau invoquer
l'ethnographie et la philologie. Nous ne
sommes pas ici dans un cours d'université.
Nous sommes au milieu des faits et en plein
cœur humain. Si vos raisonnements vous
disent que l'Alsace doit avoir le cœur allemand, mes yeux et mes oreilles m'assurent
qu'elle a le cœur français. Vous affirmez,
de loin, « qu'elle garde un esprit d'opposition provinciale contre la France »; je l'ai
vue de près; j'ai connu des hommes de
toutes les classes, de tous les cultes, de
tous les partis politiques, et je n'ai trouvé
cet esprit d'opposition contre la France
nulle part. Vous insinuez qu'elle a une an-
tipathie contre les hommes de Paris; je me
vante de savoir avec quelle sympathie elle

les accueille. Par le cœur et par l'esprit, l'Alsace est une de nos provinces les plus françaises. Le Strasbourgeois a, comme chacun de nous, deux patries : sa ville natale d'abord, puis, au-dessus, la France. Quant à l'Allemagne, il n'a pas même la pensée qu'elle puisse être en aucune façon sa patrie.

Vous l'avez bien vu depuis deux mois. Le 6 août, la France était vaincue; l'Alsace, dégarnie de troupes, était ouverte aux Allemands. Comment les a-t-elle accueillis? Les paysans alsaciens ont pris leurs vieux fusils à pierre et leurs pioches pour combattre l'étranger. Beaucoup d'entre eux, ne pouvant souffrir la présence de l'ennemi dans leurs villages, se sont réfugiés dans les montagnes, et à l'heure qu'il est ils défendent encore pied à pied chaque défilé et chaque ravin. On a sommé Strasbourg de se rendre, et vous savez comment il a répondu. Or, notez ce point : Strasbourg n'avait pour garnison que 2500 soldats français et le 6ᵉ régiment d'artillerie qui est composé d'Alsaciens. C'est la population strasbourgeoise qui a résisté aux Allemands. C'est un général alsacien qui commandait la ville.

L'évêque, que l'on a si durement repoussé du camp allemand, était un Alsacien. Ceux qui ont si vaillamment combattu, ceux qui ont frappé l'ennemi par de si rudes sorties, étaient des Alsaciens. Tous ces hommes-là, sans doute, parlaient votre langue; mais ils ne se sentaient certainement pas vos compatriotes. Et ces soldats allemands qui lançaient des bombes contre Strasbourg, qui visaient la cathédrale, qui brûlaient le Temple-Neuf, la bibliothèque, les maisons, l'hôpital, qui, respectant les remparts et ménageant la garnison, n'étaient impitoyables que pour les habitants, dites franchement, la main sur le cœur, se sentaient-ils leurs compatriotes? Ne parlez donc plus de nationalité, et surtout gardez-vous bien de dire aux Italiens : Strasbourg est à nous du même droit que Milan et Venise sont à vous; car les Italiens vous répondraient qu'ils n'ont bombardé ni Milan ni Venise. Si l'on avait pu avoir quelque doute sur la vraie nationalité de Strasbourg et de l'Alsace, le doute ne serait plus possible aujourd'hui. La cruauté de l'attaque et l'énergie de la défense ont fait éclater la vérité à tous les yeux. Quelle preuve plus forte voudriez-

vous? Comme les premiers chrétiens con-
fessaient leur foi, Strasbourg, par le mar-
tyre, a confessé qu'il est Français.

Vous êtes, Monsieur, un historien émi-
nent. Mais, quand nous parlons du présent,
ne fixons pas trop les yeux sur l'histoire.
La race, c'est de l'histoire, c'est du passé. La
langue, c'est encore de l'histoire, c'est le
reste et le signe d'un passé lointain. Ce qui
est actuel et vivant, ce sont les volontés, les
idées, les intérêts, les affections. L'histoire
vous dit peut-être que l'Alsace est un pays
allemand; mais le présent vous prouve
qu'elle est un pays français. Il serait puéril
de soutenir qu'elle doit retourner à l'Allemagne parce qu'elle en faisait partie il y a
quelques siècles. Allons-nous rétablir tout
ce qui était autrefois? Et alors, je vous prie,
quelle Europe referons-nous; celle du dix-
septième siècle, ou celle du quinzième, ou
bien celle où la vieille Gaule possédait le
Rhin tout entier, et où Strasbourg, Saverne
et Colmar étaient des villes romaines?

Soyons plutôt de notre temps. Nous avons
aujourd'hui quelque chose de mieux que
l'histoire pour nous guider. Nous possédons
au dix-neuvième siècle un principe de droit

public qui est infiniment plus clair et plus indiscutable que votre prétendu principe de nationalité. Notre principe à nous est qu'une population ne peut être gouvernée que par les institutions qu'elle accepte librement, et qu'elle ne doit aussi faire partie d'un État que par sa volonté et son consentement libre. Voilà le principe moderne. Il est aujourd'hui l'unique fondement de l'ordre, et c'est à lui que doit se rallier quiconque est à la fois ami de la paix et partisan du progrès de l'humanité. Que la Prusse le veuille ou non, c'est ce principe-là qui finira par triompher. Si l'Alsace est et reste française, c'est uniquement parce qu'elle veut l'être. Vous ne la ferez allemande que si elle avait un jour quelques raisons pour vouloir être allemande.

Son sort doit dépendre d'elle. En ce moment la France et la Prusse se la disputent; mais c'est l'Alsace seule qui doit prononcer. Vous dites que vous *revendiquez* Strasbourg et qu'il doit vous être *restitué*. Que parlez-vous de revendication? Strasbourg n'appartient à personne. Strasbourg n'est pas un objet de possession que nous ayons à restituer. Strasbourg n'est pas à nous, il est avec nous. Nous souhaitons que l'Alsace reste parmi les provinces françaises, mais sachez bien quel motif nous alléguons pour cela. Disons-nous que c'est parce que Louis XIV l'a conquise? Nullement. Disons-nous que c'est parce qu'elle est utile à notre défense? Non. Ni les raisons tirées de la force, ni les intérêts de la stratégie n'ont de valeur en cette affaire. Il ne s'agit que d'une question de droit public, et nous devons résoudre cette question d'après les principes modernes. La France n'a qu'un seul motif pour vouloir conserver l'Alsace, c'est que l'Alsace a vaillamment montré qu'elle voulait rester avec la France. Voilà pourquoi nous soutenons la guerre contre la Prusse. Bretons et Bourguignons, Parisiens et Marseillais, nous combattons contre vous au sujet de l'Alsace; mais, que nul ne s'y trompe; nous ne combattons pas pour la contraindre, nous combattons pour vous empêcher de la contraindre.

Paris, 27 octobre 1870.

MPRIMERIE GÉNÉRALE. — LAHURE
Rue de Fleurus, 9, à Paris.

www.ingramcontent.com/pod-product-compliance
Ingram Content Group UK Ltd.
Pitfield, Milton Keynes, MK11 3LW, UK
UKHW022348130726
13694UKWH00006B/2205